ÉTUDE

SUR

L'ORGANISATION

ÉLECTORALE

PAR

O. MONPROFIT.

Paris
A. SAGNIER
RUE VIVIENNE, 9.

Angers
P.-L. BÉCHET
RUE BODINIER

1874

ÉTUDE

SUR

L'ORGANISATION

ÉLECTORALE

ÉTUDE

SUR

L'ORGANISATION

ÉLECTORALE

PAR

O. MONPROFIT.

Paris
A. SAIGNER
9, RUE VIVIENNE, 9.

Angers
P.-L. BÉCHET
RUE BODIMIER

1874

INTRODUCTION

Dimanche dernier (1), une élection partielle avait lieu dans la Nièvre.

Pour la seconde fois depuis le 8 février, les électeurs de ce département avaient à se prononcer. L'année dernière, à deux reprises, (l'élection ayant été d'abord invalidée,) ils donnaient à un républicain de la veille, au docteur Turigny, dix mille voix de majorité. Dimanche, trois candidats étaient en présence : M. Gudin, choisi par les comités républicains, M. de Bourgoing bonapartiste et M de Pazzis légitimiste. Le candidat bonapartiste l'a emporté de près de six mille voix sur M. Gudin. M. de Pazzis n'a obtenu qu'une infime minorité.

Ce résultat a lieu de surprendre.

La Nièvre a été durement éprouvée au coup d'état. La

(1) Cet article a paru le 30 mai.

chasse aux rouges a eu pour théâtre les bois de Clamecy.

On a plus déporté de citoyens dans ce seul département que dans vingt autres. La population semble éclairée. Elle a secoué la domination du prêtre et du noble, les quatre mille voix de M. Pazzis le prouvent.

Tout pouvait faire considérer comme certain le succès du candidat de la démocratie. Les bonapartistes comptaient réunir une forte minorité mais se tenaient d'avance pour battus. D'où vient donc le triomphe de M. de Bourgoing, ancien écuyer de l'empereur ?

Nous pouvons nous poser cette question, froidement, et chercher sans passion la réponse. Nous ne sommes pas les vaincus. Sur dix-huit députés, nommés dans les élections partielles, depuis deux ans, on compte seize républicains. Ceux qui nous croient effrayés par le dernier verdict du suffrage universel se trompent. L'élection de la Nièvre doit seulement nous servir d'avertissement. C'est une leçon dont nous devons profiter.

Ceux qui doivent être frappés de cet événement, ce sont les hommes du centre droit. Sur eux seuls retombe la responsabilité d'un tel résultat. Il leur faut courber la tête. Leur parlementarisme produit de tels effets ; leur *ordre moral* aboutit à de pareilles solutions.

La première cause du succès du candidat de l'*Appel au Peuple* est là. Nous l'avons dit et répété, pour notre part bien des fois depuis trois ans : « La majorité fait le jeu des bonapartistes. » En effet, plus elle retarde la dissolution, plus ce parti fait de progrès. Son audace devient chaque jour plus grande. Toute faute commise par la majorité est habilement exploitée, par les souteneurs du régime de décembre. Il sont aux aguets et ne manquent pas une occasion. Ils mentent au pays, effrontément, car il y a longtemps qu'ils ont laissé de côté toute pudeur.

Les libéraux du centre droit, ces doctrinaires de la décadence, ces hommes qui veulent gouverner à perpétuité et se donnent a eux-mêmes le nom de *Classes dirigeantes*, ont commis toutes les fautes. Ils ont fait le jeu des bonapartistes en refusant d'écouter la voix du pays qui réclame la dissolution. Arrivés au pouvoir, ils ont encore servi l'empire, avec un aveuglement inouï. Grâce à eux, tout le personnel de ce honteux régime est rentré en place. Ils ont rétabli ces milliers de maires qni ont fait le plébiscite. Depuis les procureurs jusqu'aux juges de paix ils ont cherché tous leurs hommes parmi les complices du vaincu de Sedan. Ils se sont faits, en un mot, ouvertemnt les protecteurs de l'empire, dont ils ont cependant voté la déchéance.

Ce sont les vaincus de dimanche,

Mais le parti républicain n'a-t-il rien à se reprocher ? Nous ne savons encore si dans la Nièvre il a fait tout ce qu'il devait faire, si l'organisation a été complète, si aucune négligence n'a été commise. Nous l'apprendrons d'ici peu.

Il ne faut pas, en effet, que le parti républicain, fier de ses succès, se laisse aller à une confiance exagérée dans l'avenir. Les hommes qui se figurent que les progrès de l'idée républicaine se feront naturellement, sont bien coupables. En opposant leur inertie à toute tentative d'organisation, ils assument sur eux une grave responsabilité. Le temps est passé où les représentants de la démocratie, se sentant en minorité, affectaient le plus grand mépris pour les campagnes et répétaient qu'ils avaient pour eux les suffrages intelligents, les suffrages des villes. Qui sait combien a rallié de voix l'empire, ce dédain pour les campagnes !

Non ! Il ne faut pas accuser le travailleur des campagnes, ils ne faut accuser que les républicains qui n'ont pas su faire parvenir jusqu'à eux la lumière. Les travailleurs des campagnes ont les mêmes intérêts que ceux des villes; ils ont droit, â prendre part au gouvernement du pays. C'est à nous de les éclairer, de leur montrer la route de l'avenir. Quand ils votent contre la République, ils ne sont pas coupables : ils ont été trompés et la responsabilité retombe sur nous qui ne les avons pas désabusés.

Dans la Nièvre n'ont-ils point été induits en erreur par cet expression *Appel au peuple* ? Amis des idées simples n'ont-ils point vu, sous ces mots, une idée très-clair et très-nette ? Combien y a t-il de paysans pour lesquels *Appel au peuple* veut dire : Dissolution et élections nouvelles !

Ne nous endormons donc pas, mes amis ! Eclairons nos frères les travailleurs des campagnes par une propogande incessante. Ne laissons passer aucune occasion d'expliquer nos idées. Elles sont trop belles et trop simples pour qu'elles ne pénètrent pas immédiatement dans tous les esprits.

Répandons les journaux pour que tout le monde soit au courant de ce qui se passe dans son pays, et que, le jour des élections venu, chacun sache ce qu'il doit faire. Organisons-nous, enfin, pour la campagne qui viendra bientôt.

Un parti n'est fort que lorsqu'il est discipliné, organisé. Les efforts ne doivent point se disséminer mais être réunis et agir partout en même temps. Là est le secret de la victoire. Le Suffrage Universel ne peut être pratiqué d'une façon loyale et produire ses résultats qu'en étant éclairé par la libre discution.

Nos ennemis sont depuis lontemps préparés : il est temps de nous mettre à l'œuvre.

Mon but, dans la série de lettres que je commence aujourd'hui, est d'étudier cette organisation nécessaire, indispensable pour arriver au succès.

I.

NÉCESSITÉ D'UNE ORGANISATION

Le bulletin de vote est désormais l'arme pacifique du progrès. Devant l'urne électorale, tous sont égaux, et la volonté du travailleur vaut celle de l'homme qui se croit d'une autre race. Dans la salle du scrutin les distinctions cessent et il ne reste plus que des citoyens ayant un droit égal et l'exerçant.

C'est l'exercice, plus ou moins éclairé, de ce droit, qui donne plus ou moins de valeur au verdict rendu.

Supposons un pays arrivé à la véritable forme républicaine.

Le suffrage universel est pratiqué en toute occasion. Les institutions n'ont pas d'autre base. Les citoyens sont éclairés ; ils ont tous, sans exception, reçu une instruction au moins élémentaire. Les affaires publiques se passent au grand jour ; la vie municipale est développée dans de larges proportions. La défiance réciproque, le servilisme, la crainte ont disparu pour faire place à la fraternité basée sur des intérêts communs, à l'indépendance résultant du respect de la personnalité de l'individu, à la force puisée dans la conscience du droit. Chacun connaît les affaires du pays : on en cause et on en discute partout sans que personne ait l'idée de s'en inquiéter. Les journaux étudient loyalement les questions à l'ordre du jour, et s'attachent, à l'envi les uns des autres, à faire la lumière sur les événements et rivalisent d'ardeur dans la recherche de la vérité. Les réunions publiques ont lieu sans aucune formalité, et chacun peut exposer ses idées et les livrer à la discussion.

Si une élection se fait dans un pays arrivé à ce degré de perfection (qui, notons-le, n'a rien d'irréalisable), il est évident que le résultat du scrutin sera indiscutable. Tous les citoyens auront voté avec connaissance de cause ; ils se seront prononcés après mûre réflexion, après discussion contradictoire ; ils auront pesé chaque chose et tracé en quelques lignes nettes et précises la conduite que devra tenir leur délégué. Dans les réunions, le mandat aura été soigneusement examiné par tous les intéressés. En un mot, le verdict rendu par le corps électoral aura une autorité que nul ne pourra contester.

Aujourd'hui, dans notre pays, il n'en est point ainsi. Beaucoup d'électeurs ne sont pas éclairés. Peu s'occupent des affaires du pays ; ils savent vaguement, de loin en loin, qu'un événement s'est produit ; ils le savent d'une façon incomplète et inexacte et ne peuvent tirer de là aucun enseignement profitable. Souvent ils sont informés de ce qui se passe par des gens intéressés à les tromper et qui leur mentent sans vergogne. On dénature les faits, on exploite la crédulité ; puis, quand ces moyens ne suffisent plus, on effraie, on menace ; on spécule enfin sur l'égoïsme personnel empêchant toutes les autres qualités de l'individu de se développer.

Rendu dans de telles conditions, le verdict électoral a-t-il une valeur sérieuse ?

Assurément non. Il faut accepter ce verdict parce qu'il est rendu par le suffrage universel, mais c'est à nous, qui avons le droit et qui devons tout espérer de la lumière, d'éclairer les électeurs par tous les moyens.

Encore une fois quand le suffrage universel fait fausse route, nous sommes les vrais coupables.

On a, dans ces dernières années, fini par comprendre qu'il est urgent de venir en aide aux électeurs non éclairés, et de le faire d'une façon directe. On a trouvé le moyen d'arriver à ce but, en organisant des comités.

Qu'est-ce qu'un comité électoral ? Ce doit-être, et c'est en effet, une délégation de groupes d'électeurs, ayant pour mission de représenter ces électeurs pendant toute la période électorale.

Il ne faut pas croire que le comité est une réunion d'in

dividus arbitrairement choisis. Il émane directement du corps électoral et puise en lui toutes les inspirations dont il a besoin. Il le représente dans le choix du candidat, lors de la rédaction du mandat. Il signe pour lui ce mandat et il doit veiller à son exécution, si, le jour du vote, les électeurs ont ratifié son œuvre.

Certains hommes, plus ambitieux que convaincus, sont rebelles à cette idée d'organiser le suffrage universel. Ils prétendent qu'il ne faut point laisser ainsi toute initiative aux citoyens. Continuant ce système, contre lequel nous ne protesterons jamais assez, d'antagonisme entre les villes et les campagnes, ils répètent que c'est aux citoyens plus éclairés des villes à choisir le candidat et à le désigner aux suffrages des électeurs. Telle est la manière de voir des hommes du centre gauche sur lesquels le peuple ne peut jamais compter.

Nous ne saurions trop combattre une telle doctrine. Ce n'est point là de la vraie démocratie. C'est en agissant ainsi qu'on a si souvent échoué. Nous ne cesserons de le répéter, les travailleurs des campagnes, comme ceux des villes, ont le droit de se prononcer sur le choix du candidat. Ils doivent prendre part à la vie politique au même titre, et ils auraient raison de repousser l'homme qui leur aurait été seulement désigné par un journal ou par quelques citoyens sans mandat.

Il ne faut même pas essayer de tromper les électeurs et organiser, pour la forme, des comités fictifs. Ce sont là des procédés indignes d'un grand parti comme le parti Républicain. Laissons ces façons d'agir à nos adversaires. Quant à nous, restons dans la véritable voie démocratique et proclamons bien haut que rien ne doit se faire que pour le peuple et par le peuple.

Les comités doivent émaner sincèrement des électeurs. Nous verrons comment ils doivent en émaner dans la commune, dans le canton, dans le département. Où trouver ailleurs l'autorité indispensable pour obtenir le succès ?

Quelques uns ont prétendu que cette façon de préparer une élection, transformait le suffrage universel en suffrage à deux dégrés.

Cette assertion ne tient pas devant un examen sérieux.

Les comités, comme nous le verrons en examinant leur œuvre, sont l'expression de groupes électoraux. Ils préparent, en leur nom, le travail. Il s'éclairent pour conseiller et éclairer les électeurs.

Dans l'élection à deux degrés, le corps électoral fait un premier vote pour choisir des hommes qui rendront en leur nom un verdict sans appel. Ici le contraire a lieu. Les comités émettent un avis au nom des groupes électoraux qui leur ont donné mandat. Les électeurs acceptent ou rejettent cet avis en toute liberté. S'ils l'acceptent ils ratifient le choix des comités et reconnaissent par cela même qu'ils avaient qualité pour leur donner des conseils. S'ils le rejettent, ils nient purement et simplement l'autorité des comités.

C'est alors sur les comités que doit retomber la responsabilité de l'échec. Ou bien ils n'émanaient pas du peuple, et n'étaient que des comités fictifs, ou bien ils n'ont pas rempli consciencieusement leur mandat, n'ont pas assez travaillé pour éclairer les électeurs, qui se sont encore une fois laissé abuser par les intrigants et les ambitieux.

II.

LES COMITÉS.

Il importe de bien constater, tout d'abord, que, dans cette organisation du parti républicain, il n'y a rien d'illégal. Nous ne prêchons point la formation de comités permanents et occultes : la loi les interdit et nous devons, avant tout, respecter la loi. Les bonapartistes peuvent former des comités d'appel au peuple, les cléricaux des comités catholiques ; tant pis pour le gouvernement qui les tolère. Nous sommes assez forts, qnant à nous, pour ne pas sortir de la légalité, et nous n'avons nullement besoin de copier les bonapartistes ou les cléricaux.

La loi permet les associations et les réunions pendant la période ouverte par la promulgation du décret qui convoque les électeurs.

Ce décret doit paraître vingt jours francs avant l'élection. Ces vingt jours doivent suffire, si nous sommes actifs, unis et disciplinés.

Quel est le but que nous nous proposons ? De réunir tous les électeurs républicains, sans tenir compte des différences de nuances, en vue d'une action commune.

Pour arriver à ce but, nous n'avons qu'un moyen, c'est de former une vaste *Ligue Républicaine électorale*. Cette ligue, ouverte à tous les électeurs libéraux du département, aura une action incalculable, si elle a une organisation sérieuse.

La base première de cette organisation doit être la commune. La commune est en effet la première agglomération normale. Les électeurs républicains de la commune se réunissent d'eux-mêmes, spontanément, en asssemblée, soit privée, soit publique, aussitôt que le décret de convocation est promulgué. Dans cette réunion, ils désignent un certain nombre d'entre eux pour composer le comité local. Ils choisissent en même temps un ou deux délégués, selon l'importance de la commune, pour les représenter au comité cantonal.

Le comité cantonal se trouve donc ainsi formé par les délégués de toutes les communes composant le canton. Chacun de ces délégués est muni de pouvoirs réguliers, ce qui donne au comité une autorité incontestable.

L'importance du comité de canton, nous le verrons, quand nous étudierons l'œuvre des comités, est énorme

Le groupement cantonal est, dans la plupart des cas, très-bien fait. Les communes qui composent cette division, sont unies par les mêmes intérêts. La réunion est presque naturelle. L'arrondissement est, au contraire, une division factice. Créée pour les besoins de l'administration centrale, elle n'a plus même, aujourd'hui, sa raison d'être. Dans l'organisation de la *Ligue électorale*, nous ne tiendrons donc aucun compte de cette division absolument arbitraire.

Les comités cantonaux, aussitôt réunis, choisissent des délégués au comité central du département. Ce comité qui a reçu dans beaucoup de départements, où une organisation semblable a eu lieu, le nom plus exact et plus juste de *Congrès électoral*, est ainsi formé de la représentation de tous les cantons. Cette représentation varie selon le chiffre des électeurs, car il importe qu'aucune objection ne puisse être faite aux décisions du Congrès et par conséquent que tous soient également représentés. Ainsi la composition du Congrès n'est point arbitraire. Ce ne sont pas les premiers citoyens venus, se donnant à eux-mêmes un mandat et prenant un titre qui ne leur appartient pas. Chaque délégué est régulièrement élu. Il vient siéger, muni d'un mandat. Ses pouvoirs sont soigneusement vérifiés. Il représente vraiment quelque chose et a qualité pour se prononcer et voter des décisions qui devront être respectées par tous les Républicains.

La vérification des pouvoirs est le premier acte du Congrès, comme de toute assemblée issue du suffrage universel. Aucun intrus ne doit siéger dans cette réunion, si l'on veut qu'elle ait une autorité véritable.

Les seuls hommes qui, sans être désignés par le suffrage, viennent prendre part à ses délibérations, ce sont les rédacteurs des journaux républicains. Il est juste, convenable, utile, indispensable même, que ceux qui mettent leur talent au service de la cause, qui sont chargés de défendre devant le public, les décisions du Congrès, soient appelés à se prononcer. Ils ont pour eux l'expérience, et leurs lumières ne sont pas surperflues, quand il s'agit d'une chose aussi grave que le choix d'un candidat.

Lors de la formation des comités communaux, il est bien évident que tout électeur, même non prévenu, a le droit de faire partie des réunions publiques préparatoires. Il importe, en effet, que toute accusation, tout soupçon même de coterie, de camaraderie, soit détruit. On ne manquerait pas de crier à l'escamotage, si les délégués étaient élus par quelques amis, et sans que chacun ait été appelé à donner son avis.

On voit que l'organisation de la *Ligue électorale Républicaine* est facile. Elle doit se former d'elle-même, le lendemain du jour où le décret est promulgué.

Pour activer cette œuvre, un comité d'initiative, peut fonctionner, au chef-lieu du département. Ce comité, qui sera composé par les hommes connus et éprouvés, aura uniquement pour but de provoquer la formation des comités, des communes et des cantons. Stimuler les retardataires est son unique mission. Le jour où la *Ligue* est organisée, il cesse d'exister. Il n'a point qualité, en effet, pour intervenir dans l'élection. Son œuvre est terminée et il doit laisser le champ libre aux mandataires des électeurs

Tout cela, comme on le voit, est excessivement simple. La ligue électorale a une origine incontestable, la commune. C'est de la commune que tout doit émaner; si elle n'est pas encore la base de nos institutions, elle doit, du moins, être celle de l'organisation du parti républicain.

L'autorité morale du *Congrès*, en même temps que son action matérielle, est dans cette origine. Toutes ses décisions seront adoptées par les électeurs parce qu'elles auront été prises en leurs noms par des hommes qu'ils connaîtront et qu'ils auront choisis spécialement pour les représenter.

Chaque fois qu'une semblable organisation a été faite, le succès a répondu à la persévérance des républicains. Dans notre département, nous ne triompherons également qu'à la condition expresse d'être actifs et disciplinés.

Il faut méditer ce plan si simple, que, du reste, je ne donne pas comme absolu et qui peut être modifié dans ses détails. Ce qui nous manque le plus, c'est l'esprit d'initiative et d'indépendance. Le jour où la période électorale sera ouverte, il faudra que tous les républicains se mettent en campagne. Pénétrons-nous bien de cette idée que l'égalité politique existe, que nous avons tous le droit de déposer notre voix dans l'urne et que ce bulletin est égal à n'importe quel autre. Si nous avons le droit de voter, nous avons, par cela même, le droit de choisir notre candidat et de chercher à le faire triompher. Donc nous ne faisons que remplir strictement notre devoir en propageant nos idées et en gagnant à notre cause assez de partisans pour arriver au succès.

Nous sommes dans une situation où l'indifférence politique est un crime de lèse-nation. C'est trahir la Patrie que ne pas s'occuper d'elle.

III.

L'ŒUVRE DES COMITÉS.

Il nous reste à examiner quelle doit être l'œuvre des comités, ainsi constitués, pendant la période électorale.

Formés en vue d'assurer le triomphe du candidat républicain, les comités ont une triple mission :

Agir d'une façon directe et constante sur les électeurs ; élaborer le mandat et se prononcer sur le choix du candidat, s'occuper des moyens matériels d'arriver au succès.

L'œuvre de propagande des comités est multiple. Nous allons essayer de la déterminer.

La propagande que nous voulons, la propagande républicaine, n'est pas un embauchage. Les bonapartistes ne trouvent rien de mieux, pour convertir les gens à leurs idées, que de faire miroiter devant leurs yeux de brillantes perspectives. Ils s'adressent à tous les instincts mauvais de la nature humaine Ils visent tantôt la vanité, tantôt la cupidité.

A celui-ci ils promettent une décoration, à celui-là un avantage plus réel et plus direct.

On a vu, dans la circulaire lue à la tribune de l'Assemblée par M. Girerd, comment s'est pratiqué ce système dans le département de la Nièvre.

Les bonapartistes seuls sont capables de procéder avec un pareil cynisme. Les promesses d'ailleurs coûtent peu aux valets éhontés du vaincu de Sedan. Ils ont l'habitude de tromper et de faire des dupes. Pendant vingt ans, ils se sont maintenus au pouvoir par ces moyens.

Aujourd'hui, c'est pousser un peu loin l'impudence que recommencer ce jeu. Les électeurs savent à quoi s'en tenir et les belles paroles ne suffisent plus pour les convaincre. Aussi les républicains qui n'ont aucun intérêt à tromper le pays sur lequel ils peuvent compter désormais, parlent moins et agissent davantage.

La propagande républicaine se fait au grand jour. Elle est légale, parfaitement conforme aux lois du pays. Elle n'a qu'un but : faire la lumière, ouvrir les yeux qui sont encore fermés. Elle rappelle aux citoyens leurs droits et s'attache à leur démontrer que leur devoir est de prendre une part directe et permanente au gouvernement du pays.

Pour cela, nul besoin de s'adresser aux mauvaises passions de l'homme. Combattre les préjugés suffit. Tout le monde comprend bien qu'il a le droit de s'occuper des affaires de sa commune. La France n'est qu'une grande commune et chacun doit, de même, s'occuper de la façon dont elle est administrée.

A côté de cette première partie de la propagande républicaine, qui consiste à éclairer les citoyens sur leurs droits et leurs devoirs politiques, il en est une autre bien importante.

Le Français, naturellement crédule, accepte facilement, trop facilement ce qu'on lui dit. Quand une chose lui a été répétée des milliers de fois et par des gens dont le caractère lui impose, on comprend qu'elle soit enracinée profondément. C'est ce qui explique les croyances répandues encore à cette heure parmi nos paysans, à l'endroit de la République. Jamais un parti n'a été à ce point calomnié. Il n'est pas de forfait qu'on n'ait mis à son actif.

On a accusé les démocrates de tous les crimes, et ces accusations, répétées de génération en génération, se sont implantées dans nos campagnes avec une tenacité contre laquelle ont échoué bien des efforts.

En face d'une telle situation, la conduite des républicains qui composent les comités, est toute tracée. Il faut combattre ces légendes, s'appliquer à mettre à néant toutes ces sottes et ridicules histoires. Et cela, notons-le ,est facile. Il suffit d'employer les moyens de nos adversaires. Il faut avoir la même patience qu'eux. Rétablir constamment les faits ; se répéter à satiété. Point de phrases, ni de discours, des faits : « Vous me dites que cela s'est passé ainsi ?... Voici l'histoire, lisez ! »

Calomniez, calomniez sans cesse, a dit Bazile, il en restera toujours quelque chose. Eclairons, éclairons sans cesse, disons-nous, à notre tour, et nous détruirons la calomnie.

Enfin les comités ne doivent rien épargner pour répandre à profusion parmi les électeurs les journaux et les brochures. C'est par ces écrits surtout, que chacun sera au courant des événements. Les journaux républicains, pendant la période électorale, ont une grande mission. D'eux souvent dépend le succès. Il faut que la rédaction soit aussi soignée, aussi minutieusement examinée que possible. Rien ne doit passer qui ne soit de nature à frapper les esprits. Ils doivent être remplis de faits précis, indiscutables. Peu de commentaires. Le lecteur sait bien apprécier chaque chose quand elle lui est présentée d'une façon saisissante. Le journaliste doit surveiller ses confrères et ne rien laisser passer dans les journaux de la réaction sans le signaler au public. Il importe que toute calomnie soit démentie aussitôt qu'elle est produite.

Quant aux brochures républicaines à répandre, le choix en est facile à faire : ce qui touche directement l'électeur, les exposés simples et lucides, les récits vrais racontés sans exagération ne manquent pas. Depuis quelques années, les écrivains républicains ont compris que ce n'était pas déroger que d'écrire pour les travailleurs des campagnes. Des bibliothèques se sont fondées, et on a édité des brochures à 10, à 20, à 30 centimes. Tous ces petits volumes peuvent être dispersés à peu de frais dans les campagnes où ils feront un bien immense, en éclairant les électeurs sur leurs intérêts, sur leurs droits ; en leur racontant, sous leur vrai jour, les évènements du passé ; enfin en les mettant en garde contre les calomnies intéressées des bonapartistes et des cléricaux.

Telle est, rapidement exquissée, la propagande à laquelle doivent se livrer individuellement les membres des comités électoraux. Ils ont, pour ainsi dire, charge d'âmes, et ils doivent avoir pour mot d'ordre : de la lumière, encore de la lumière, toujours de la lumière !

IV.

LE MANDAT.

La mission la plus délicate des comités est la confection du mandat.

L'idée du mandat a beaucoup de mal à pénétrer dans les esprits. Il n'est pas inutile de l'étudier de près.

Ce qu'une nation doit chercher, c'est l'honnêteté, la sincérité politique.

Depuis longtemps il est admis que la politique est le champ ouvert à quelques-uns. A force d'être gouvernés, nous en sommes venus à croire qu'il existe des gens privilégiés destinés à gouverner. Ces gens eux-mêmes se figurent qu'il en est ainsi et s'intitulent volontiers *classes dirigeantes*. De ce préjugé il est résulté qu'on s'est fait une idée fausse de la politique. On a cru qu'il ne pouvait y avoir de loi pour la limiter, et on n'a pas pensé prendre des précautions contre les hommes qui s'y livrent.

Il est temps que cet aveuglement cesse. Il faut voir les choses d'une façon plus juste et plus pratique. Il est indispensable de sortir du gâchis où nous nous trouvons par suite de l'abus des grands mots de conscience, de dignité, de responsabilité morale, etc. C'est en maniant ces mots avec art, que les hommes, parvenus, grâce au suffrage de leurs concitoyens, à l'Assemblée, savent se dérober lorsqu'on leur demande une explication de leur conduite.

L'honnêteté doit entrer dans la politique, et y entrer, comme elle l'a fait dans les affaires, par une législation, par le *mandat*.

Le Code dit, art 1984 : « Le mandat ou procuration est
» un acte par lequel une personne donne à une autre le
» pouvoir de faire quelque chose pour le mandant ou en
» son nom. »

Tout commerçant connaît cet article. Quelle réponse ferait un négociant à son représentant qui, sur le point d'aller traiter une affaire, refuserait de s'engager à suivre de point en point les instructions de son patron, en disant que sa conscience s'oppose à recevoir un mandat ? Le négociant n'aurait qu'une médiocre confiance et prierait poliment son représentant de se retirer.

Certainement il vaudrait beaucoup mieux que l'homme fût parfait et qu'on pût se fier à tous. Mais puisqu'il n'en est point ainsi, on doit prendre les hommes pour ce qu'ils valent, pour des êtres susceptibles de faillir. Ce n'est point les blesser que de prendre des précautions à leur endroit, et ceux qui se récrient si haut, rient bien en eux-mêmes des gens qui sont dupes de leur vertueuse indignation.

Le mandat politique est donc nécessaire comme le mandat commercial. On peut le définir : *Droit pour les électeurs de notifier d'une façon expresse leur volonté ; devoir pour l'élu de se conformer à cette volonté.*

Il ne faudrait pas croire que ce soit là une innovation révolutionnaire. Le *mandat impératif* a existé en France. C'était la conséquence naturelle des délégations des diverses provinces. Dans les Etats-Généraux, il était pleinement en pratique. Jamais il n'était même venu à l'idée de qui que ce fût de s'y soustraire, ou à la royauté de s'y opposer. Bien plus, les lettres de convocation des Etats-Généraux consacraient le principe et exigeaient l'application. Elles énonçaient les trois points suivants : 1° les motifs de la convocation ; 2° l'indication du jour et du lieu où devaient se tenir les Etats ; 3° la mention des instructions et pouvoirs dont les députés devaient être munis ou *garnis*, pour nous servir de la vieille expression employée.

Si l'espace nous le permettait, nous pourrions citer mille exemples. Un seul suffira.

Dans les Etats de 1382, réunis à Compiègne, Arnaud de Corbie demanda aux Etats de rétablir les impôts qui existaient sous le règne précédent, « sans quoi, disait-il,

» il était impossible de pourvoir aux besoins du royaume. »

La seule réponse qu'il obtint des députés fut « qu'ils se » chargeront volontiers de faire connaître à ceux qui les » ont envoyés, les demandes du roi, *puisque leurs pou-* » *voirs ne vont pas au delà*, et qu'ils tâcheront de les dé- » terminer à y accéder. (1) »

Quelque temps après, ils revinrent trouver le roi à Meaux et à Pontoise, mais la réponse qu'ils rapportaient était énergiquement négative : *potiùs mori quam leventur!* « nous aimerions mieux mourir que de les laisser » lever! » Les députés de Sens, qui, seuls, avaient pris sur eux d'accorder l'impôt, furent accueillis, à leur retour, par un désaveu formel et des manifestations hostiles.

On ne se contentait pas toujours d'un désaveu. En 1593, Etienne Bernard, député de Dijon, qui s'était laissé circonvenir par la Cour, demanda, pour lui et ses collègues, une indemnité pour ses dépenses aux Etats-Généraux. Il essuya un refus, motivé sur ce « qu'il ne leur était rien dû pour « la belle besogne qu'ils avaient faite. »

Enfin, lors de la convocation des Etats-Généraux en 1789, on rédigea des cahiers qui ne sont autre chose que des mandats, et des mandats très-précis, ainsi qu'on en peut juger par celui du bailliage de Chaumont, qui se terminait par ces mots : « Donnons pouvoir à nos députés de solliciter du seigneur roi son consentement aux demandes ci-dessus ; dans le cas où il l'accorderait, de lui remercier,

---

(1) — Victor Poupin. — Le Mandat impératif.

et, dans le cas où il refuserait, de le *déroiter*. »

Depuis lors, le mandat est tombé en désuétude. Pourquoi ? Parce que le peuple n'a pas assez veillé à ses intérêts. L'aristocratie en a profité. Elle est devenue *Classe dirigeante* et a fait tout ce qu'elle a pu pour faire oublier cette vieille coutume qui l'aurait souvent gênée. Les candidats ont fait des professions de foi pompeuses. Les électeurs se sont fiés à ces beaux discours, et voilà pourquoi nous sommes bernés et joués depuis quatre-vingts ans.

Finissons-en donc avec ce système. Inaugurons vraiment la pratique du suffrage universel en établissant la responsabilité effective.

Il faut, en effet, au mandat une sanction, sinon le député peut le laisser de côté, tout comme une profession de foi.

Cette sanction ne peut être établie que par une loi. Tous les efforts des républicains doivent tendre à obtenir cette loi.

Il n'est pas bien difficile au comité central, formé comme nous l'avons indiqué, d'établir le mandat. Il n'a qu'à résumer les différents cahiers des comités communaux et cantonaux. De cette façon, le mandat sera l'expression exacte et indiscutable des vœux des électeurs.

V.

LE CANDIDAT.

Le succès d'une élection, il est presque inutile de le dire, dépend beaucoup du candidat présenté aux suffrages des électeurs. Avec notre peu d'habitude de la vie politique, on tient surtout compte de l'individu et bien peu font abstraction de l'homme pour ne voir que les principes qu'il représente. Il importe donc que le choix soit fait avec un soin minutieux et une attention scrupuleuse.

Les conditions essentielles que doit remplir le candidat sont faciles à déterminer. Elles se déduisent naturellement du but à atteindre. Ce que veut le parti républicain, c'est d'avoir pour représentant de ses besoins, de ses intérêts, de ses aspirations, un homme intègre dont la parole autorisée soit écoutée, dont la conduite politique soit irréprochable et à l'abri de tout soupçon de défaillance.

Pour cela, le candidat, et c'est là une remarque puérile, tellement elle est simple, doit avoir des convictions éprouvées. Aucune équivoque ne doit peser sur son caractère. Le passé politique d'un individu est jusqu'à un certain point une garantie de l'avenir. Il importe donc que le passé de l'homme qui sera mis en avant par tout un parti soit examiné d'une façon sérieuse et complète. Des explications devront être provoquées de telle sorte que le candidat ne puisse se refuser à les donner. Ces explications sont des éléments indispensables aux journalistes républicains qui seront chargés de faire la campagne électorale.

Le candidat doit accepter le mandat.

Ici il nous faut dissiper une équivoque. Le mandat a beaucoup effrayé, nous l'avons dit dans notre dernier article, par ce qu'on ne l'a pas compris. On a prétendu entre autres choses qu'il blessait la dignité humaine. C'est là une erreur absolue. Le mandat ne s'impose pas. Personne ne peut forcer quelqu'un à subir, malgré lui, un mandat. Le mandat élaboré par les comités est soumis au candidat. Celui-ci l'accepte ou ne l'accepte pas : il est parfaitement libre.

S'il l'accepte, il se reconnaît par cela même en parfaite conformité d'idée avec les délégations républicaines et devient candidat. S'il ne l'accepte pas, il garde son droit de se présenter aux électeurs, mais comme simple particulier et ne peut se recommander des comités républicains.

Il est si vrai que le mandat ne blesse en rien la conscience, que lors de l'élection du 7 janvier 1872 dans le département des *Bouches-du-Rhône*, MM. Challemel-Lacour et Emile Bouchet n'hésitèrent pas à accepter celui qui avait été élaboré par les comités républicains et firent même la déclaration suivante :

« Nous soussignés, acceptons le mandat.....

» Bien loin d'y voir une limitation de notre liberté, nous y trouvons, au contraire, une nouvelle force pour accomplir la tâche qui nous est dévolue.

» Il est temps que, sur les questions les plus pressantes de la politique, des engagements précis remplacent des formules vagues, trop faciles à éluder.

» Si nous tenons à honneur le choix que le comité central républicain a fait de nous comme candidats, nous ne sommes pas moins fiers qu'il ait reçu notre parole d'exécuter, avec fidélité, les engagements imposés aux mandataires des électeurs républicains radicaux...... »

Dans son volume sur *Le Mandat impératif*, M. Victor Poupin rapporte une anecdocte qui prouve bien que chez les peuples vraiment libres, les palinodies ne peuvent être supportées. Aux Etats-Unis, un député s'était engagé sur l'honneur, lors de son élection, à voter pour l'abolition de l'esclavage. Arrive la question à l'Assemblée ; il vote contre, gagné par les esclavagistes du Sud. En sortant de la séance, un de ses collègues lui brûla la cervelle sur les marches mêmes du Palais Législatif et le jury américain acquitta le meurtrier.

Nous avons parlé du mandat au moyen-âge: Nous pourrions citer nombre de faits curieux qui prouvent que le peuple avait un tel souci de ce que faisaient ses députés qu'il faillit souvent pendre haut et court ceux qui avaient outrepassé leurs pouvoirs.

Tout cela établit d'une façon irréfutable qu'il est du plus haut intérêt pour une nation qu'elle soit représentée avec sincérité et qu'il n'est pas de pire trahison que la trahison politique.

Enfin, et ceci n'est point une remarque sans portée, le candidat doit être, autant que possible, une personnalité connue et sur le compte de laquelle on ne puisse rien relever. C'est en France, surtout, pue le proverbe « nul n'est prophète en son pays » est vrai. La vie de chacun est à découvert. Celui qui s'élève un peu par son talent, son caractère est tout aussitôt en butte à l'envie. On cherche les petits côtés ; on dénigre les moindres actes; les choses les plus simples deviennent de gros événements et la rumeur publique a bientôt dénaturé les faits au point de faire passer pour un misérable le meilleur et le plus honnête homme du monde.

Comme il reste toujours quelque chose des calomnies répandues, il importe donc que le candidat soit à l'abri de toute accusation. Il faut qu'il ne puisse y avoir à son endroit l'ombre d'un soupçon. Les inventions les plus saugrenues sont précisément celles qui sont le mieux acceptées par le public.

Les comités ont toute la compétence voulue pour choisir le candidat. Issus du corps électoral d'une façon régulière, ils peuvent, en connaissance de cause, exprimer leur avis sur les noms qui sont soumis à leur appréciation.

Ils savent exactement l'opinion du pays. Les membres de ces comités sont électeurs et vivent au milieu des électeurs sur tous les points du département. Ce n'est point leur opinion personnelle qu'ils apportent, mais l'opinion des électeurs des communes qu'ils représentent. Eux seuls, enfin, ont le droit de se prononcer en laissant de côté toutes les questions personnelles et en n'ayant devant les yeux que l'intérêt de la cause qu'ils veulent faire triompher.

VI.

LES FRAIS DE L'ÉLECTION

Revenons à une hypothèse que nous avons déjà faite.

Pour bien établir la nécessité d'une organisation électorale, en France, nous avons pris pour terme de comparaison un pays où la vie politique serait développée.

Dans cette supposition, l'instruction serait à ce point répandue que tous en auraient leur large part. Chacun s'occuperait naturellement des affaires de son pays sans avoir besoin d'être poussé à chaque instant. Personne n'ignorerait son droit ni le négligerait. En un mot, l'individu exercerait sa souveraineté dans toute sa plénitude et avec une sincérité incontestée.

Chez une nation, où la pratique de la liberté serait à ce

point avancée, où tous les citoyens auraient une semblable indépendance, il est bien évident que les comités seraient inutiles. Les affaires publiques se passent au grand jour : tous les connaissent et s'en occupent On les discute partout librement, sur la place publique comme dans les journaux. A quoi bon dès lors une organisation? Chacun agit et vote avec parfaite connaissance de cause, après avoir mûrement pesé ses résolutions.

Par suite, la propagande telle que nous la comprenons, n'a plus sa raison d'être.

Il n'est pas besoin de répandre des journaux et des brochures, chaque citoyen a son journal.

Il n'est pas besoin d'affiches et de proclamations: les candidatures ont été discutées dans des réunions publiques auxquelles tout le monde a pris part. Il n'est pas même besoin de bulletin de vote : il n'est personne qui ne sache écrire.

Dès lors, les frais électoraux sont nuls et personne n'a à s'en occuper.

Il est bien évident que c'est un idéal que nous indiquons-là. Aucun pays n'est encore arrivé à ce degré de liberté. Ce n'est pas à dire toutefois que cela soit irréalisable. Mais ce que nous tenons à établir, c'est que l'organisation électorale a sa raison d'être dans un pays comme le nôtre, où la vie politique est nulle ou à peu près, où la vie locale n'est même pas développée.

En France, l'élection doit être préparée d'une toute autre

façon. Il faut des comités pour s'occuper les intérêts des citoyens. Il leur faut se livrer à une propagande acharnée ; ils ont mission de suppléer les électeurs dans le choix du candidat et dans la confection du mandat. Ils sont chargés enfin d'user de tous les moyens à leur disposition pour faire réussir une élection.

Ici une question grave est soulevée. Pour cette propagande, pour cette action électorale, il est nécessaire de dépenser une certaine somme d'argent : les journaux, les brochures, les affiches, les bulletins de vote, tout cela coûte.

Qui doit subvenir à ces frais ?

Pour résoudre cette question, il suffit d'étudier le principe même de la représentation. De quoi s'agit-il au fond ? Le gouvernement du peuple par lui-même, dans sa forme simple, absolue, est impraticable. Dès lors, la souveraineté nationale s'exerce par délégation. Le peuple choisit des hommes en qui il a confiance ; il leur donne un mandat résumant ses aspirations, ses vœux, ses volontés. Ces hommes, ainsi investis de la confiance des électeurs, sont de simples mandataires.

Qui doit payer les frais, le mandataire ou le mandant ? Il ne viendra à personne l'idée de répondre que c'est le mandataire.

Dans le système inauguré par les *classes dirigeantes*, où les rôles sont complétement intervertis, il n'en est pas de même.

Un monsieur se présente aux électeurs, fait une profession de foi pompeuse, promet monts et merveilles, en un mot tient à avoir un siége à la Chambre. Pour arriver à ses fins, ce candidat dépensera des sommes folles. Il déploiera une activité dévorante, s'efforcera de faire illusion sur son compte et ira même jusqu'à acheter les consciences rebelles.

Cet homme paie les frais de son élection, c'est dans la logique des choses.

Mais, lorsque le suffrage universel est pratiqué de la façon que nous avons exposée, il n'en est plus ainsi. C'est aux mandants, c'est-à-dire aux électeurs, à subvenir aux dépenses nécessaires pour le triomphe du mandataire.

S'il en était autrement, on créerait l'inégalité.

Les citoyens assez riches pour faire les frais d'une élection pourraient seuls être élus. Ce serait continuer l'œuvre des *classes dirigeantes*, établir dans la nation une catégorie d'individus spécialement destinés à gouverner.

La véritable tradition démocratique veut autre chose. Tous sont éligibles en droit, tous doivent l'être en fait.

A Paris, où le suffrage universel est arrivé à un assez haut degré des sincérité, les dépenses électorales sont supportées ainsi par les électeurs. Lors de l'élection du citoyen Barodet, les comités d'arrondissements recueillaient les souscriptions qui étaient réunies ensuite par le comité central. Ces souscriptions volontaires furent assez nombreuses pour couvrir complétement tous les frais.

Il faut agir de même. Les comités de commune et de canton doivent ouvrir dans leurs locaux des listes de souscriptions. Ils doivent provoquer les électeurs à donner une somme, si minime qu'elle soit. N'est-ce pas encore là une manière d'exercer son droit de citoyen libre ?

CONCLUSION

Une élection venait d'avoir lieu dans la Nièvre. Le candidat bonapartiste avait eu la majorité. J'ai cru utile de commencer cette série d'articles sur l'organisition qui avait fait complétement défaut dans le département où le suffrage universel venait d'être consulté.

Une nouvelle élection est arrivée.

Le département du Calvados vient d'être consulté. Pour la troisième fois, depuis deux ans, les électeurs ont choisi pour les représenter, un homme devoué à la cause impériale.

Nous ne pouvons mieux terminer notre étude qu'en cherchant à tirer les enseignements contenus dans ce dernier scrutin.

Deux choses servent admirablement les bonapartistes ; la lassitude du pays et l'apathie des Républicains.

L'Assemblée détient, sans mandat, le pouvoir depuis quatre ans. Les groupes politiques qui la composent, par leurs intrigues, par leurs manœuvres ont fatigué les électeurs. D'un bout à l'autre de la France on a hâte d'échapper à cette situation.

Les monarchistes ont cherché tous les moyens pour parvenir, ils ont essayé successivement de toutes les solutions.

Leurs efforts ont été vains et n'ont servi qu'à mieux mettre en lumière l'impuissance à laquelle ils sont désormais condamnés. Ces tentatives qui avortent les unes après les autres ne nous déplairaient pas et ne serviraient qu'à prouver la solidité de la République si elles avaient lieu dans un pays où, par suite de la décentralisation, elles n'auraient aucune influence sur la vie nationale. Mais il n'en n'est pas ainsi. On ne tente pas impunément des expériences sur un peuple comme le nôtre.

La France en est arrivée à une grande lassitude. Elle veut arriver à quelque chose de définitif. Les débats parlementaires d'une chambre souveraine l'empêchent de se livrer, comme elle le voudrait, au travail. Les intrigues auxquelles se livrent ses représentants ne la passionnent ni même ne l'intéressent. Elle veut la dissolution.

Le parti de l'empire, ce parti qui a toutes les audaces et toutes les impudences, a vu que cette situation des esprits pouvait être favorable à ses projets et il s'est mis en campagne.

Revenant à cette vieille tactique du respect de la souveraineté nationale, il s'est donné le titre de parti de l'appel au peuple.

Tous ces fonctionnaires, qui avaient si vivement changé d'opinion au lendemain du quatre septembre, ont apparu de nouveau. Leurs émissaires ont parcouru, pour la centième fois ces campagnes qu'ils savaient si bien travailler sous l'empire. Ils ont répété qu'ils étaient les plus zélés défenseurs de la souveraineté du peuple. Ils ont attaqué avec violence l'Assemblée, sachant bien qu'en parlant contre elle ils s'attireraient les sympathies des électeurs.

Cette idée de dissolution que le parti républicain a été le premier à mettre en avant, ce sont les bonapartistes qui l'ont exploitée. Ils s'en sont parés aux yeux de tout le monde. Ils se sont efforcés d'établir une confusion entre ces deux termes, appel au peuple et élections générales. Cette confusion existe aujourd'hui dans l'esprit du pays et c'est là ce qui fait que les misérables qui ont perdu la France rencontrent à cette heure tant de crédit.

La belle politique de M. de Broglie a terminé l'œuvre en mettant aux mains des bonapartistes les armes qui leur manquaient. Ils sont rentrés dans les fonctions qu'ils occupaient. Aujourd'hui ils disposent des mêmes moyens de pression dont ils usaient autrefois.

En face de cette activité, il était nécessaire aux républicains de déployer la plus grande vigilance. Il fallait lutter par toutes les voies légales.

Dans le Calvados, où le candidat bonapartiste vient d'obtenir la majorité, comment la campagne électorale a-t-elle été faite ?

« La première cause d'infériorité, dit la *République Française*, des républicains dans cette lutte, celle qui a engendré toutes les autres, c'est le choix tardif du candidat. Il y a environ trois mois que le nom de M. Leprovost de Launay a été prononcé pour la première fois, lancé en l'air à titre de ballon d'essai ; il y a deux mois que la propagande active en faveur de ce candidat a commencé dans les compagnes ; il a eu tout ce temps pour prendre ses mesures à loisir, pour nouer ses relations, pour se rappeler au souvenir de tous ses anciens agents du plébiscite, maires, juges de paix, percepteurs, agents-voyers, gardes-champêtres, facteurs, etc., tous remis en place ou enhardis par l'habile politique de M. de Broglie. Il y a un mois que le nom de M. de Launay s'est produit au grand jour, que ses circulaires ont commencé à voyager, ses affiches à habiller non-seulement les murs des villages, des hameaux, des maisons isolées, mais les bornes sur les grands chemins et les arbres dans les herbages.

« Les républicains du Calvados, eux, ont arrêté leur choix douze jours à peine avant l'ouverture du scrutin. Leur choix était bon, nous inclinons même à penser qu'il était le meilleur qu'on pût faire ; mais

Rien ne sert de courir, il faut partir à point.

« Quoi qu'on ait dit de cette colonne mobile de quinze cents propagateurs que la *Patrie* a signalée et qui a eu le tort de ne pas révéler suffisamment son existence, il ne parait pas qu'il y ait eu autre chose pour appuyer M. Aubert qu'un comité unique à Caen et quelques activités individuelles dans des centres comme Lisieux, Vire ou Honfleur. Non-seulement il n'existait pas de comités cantonnaux, mais, dans un grand nombre de cantons, le comité de Caen n'avait même pas un correspondant régulièrement accrédité sur qui il pût compter. Le zèle et l'activité des membres du comité caennais ne pouvaient se répandre en quelques jours sur six arrondissements et sur une population d'un demi-million d'habitants. Tout partait directement de Caen, affiches, bulletins, etc., et restait livré à la bonne foi des commissionnaires expédiés de tous côtés. La propagande en faveur de M. Aubert, la nouvelle même de sa candidature n'a pas eu le temps matériel de pénétrer dans toutes les communes du département. Le samedi, veille de l'élection, il y avait encore des communes entières où n'avait pénétré ni un bulletin au nom du candidat républicain, ni un exemplaire de sa circulaire. Le dimanche, pendant le vote, celui qui écrit ces lignes a rencontré un électeur qui soutenait de la meilleure foi du monde que M Leprovost de Launay n'avait pas de concurrent, ou du moins n'en avait pas d'autre que le candidat légitimiste, et nous n'avons pas besoin d'insister sur la faveur dont jouit dans les campagnes cette opinion respectable. On n'a pas de peine à concevoir le parti qu'ont tiré d'une situation aussi commode les bonapartistes, ces exploiteurs jurés du suffrage universel, si peu scrupuleux et si prompts à prendre tous les visages, ici remparts de la conservation sociale, là guidons de la Révolution. »

Que ceci serve de leçon aux Républicains des départements où des élections vont avoir lieu et qu'ils sachent que le triomphe n'est que le résultat de la discipline, de l'entente, de l'organisation.

Nous croyons avoir suffisamment développé le plan de la campagne électorale. Il nous reste à ajouter quelques mots pour terminer.

Ce n'est pas au dernier moment que se fait une campagne électorale. Il faut la commencer longtemps à l'avance et préparer de longue main l'organisation à laquelle il n'y aura plus qu'à donner la dernière main, quand la période légale sera ouverte. Les comités sont la base d'opération, ce sont eux qu'il faut former tout d'abord, dans la commune, dans le canton. Ces comités ont un premier travail à faire, travail indispensable : prendre copie des listes électorales.

Comment agir, en effet, si l'on n'a pas ces premiers documents ? Croit-on qu'il suffise de poser quelques affiches dans une commune et de faire distribuer des bulletins à la porte d'une mairie ? Non. Il faut que chaque électeur ait reçu, à domicile, des circulaires et des bulletins; il faut que cela lui soit parvenu avant le dernier jour, pour qu'il ait eu le temps de réfléchir au vote qu'il va émettre. La *République Française* ne dit-elle pas que le jour du scrutin des électeurs du Calvados ignoraient encore quels étaient les candidats ?

Il est temps de montrer de l'activité et l'énergie ; la République existe. Notre devoir est de la défendre.

Nous ne cesserons de le répéter: quand le suffrage universel se trompe, les coupables sont les républicains.

TABLE

Errata. — *Les chapitres III, IV et V ont été par erreur numérotés IV, V et VI.*

OUVRAGES DU MÊME AUTEUR

Les Murs de Paris en Avril 1873, histoire de l'élection Barodet, recueil de toutes les professions de foi, affiches, circulaires, publiées à Paris pendant la période électorale qui a précédé l'élection du 27 Avril. 1 franc.

Le Docteur Guépin. 25 centimes.

Le Panthéon Républicain, collection des biographies et portraits de tous les hommes qui se sont dévoués à la grande cause de la démocratie. Chaque livraison se vend séparément. 25 centimes.

Cet ouvrage à été fait avec la collaboration de Francis Enne.

SOUS PRESSE :

Les Partis politiques en France pendant la guerre de 1870-71.

La Presse de province pendant la guerre.

Les hommes du 24 Mai.

Essai sur les coups d'Etat.

Imprimerie P.-L. Béchet, à Angers.

www.ingramcontent.com/pod-product-compliance
Ingram Content Group UK Ltd.
Pitfield, Milton Keynes, MK11 3LW, UK
UKHW031956260826
14628UKWH00005B/2094

9 782011 759221